HOSTELS. A revolutionary new concept

Copyright © 2016 Instituto Monsa de ediciones

Editor, concept, and project director
Josep María Minguet

Project's selection, design and layout
Patricia Martínez (equipo editorial Monsa)

INSTITUTO MONSA DE EDICIONES
Gravina 43 (08930)
Sant Adrià de Besòs
Barcelona (Spain)
Tlf. +34 93 381 00 50
www.monsa.com
monsa@monsa.com

Visit our official online store!
www.monsashop.com

Follow us on facebook!
facebook.com/monsashop

ISBN: 978-84-16500-31-4
D.L. B 17079-2016
Printed by Grafilur

Hostels
A revolutionary new concept

monsa

Introduction

Choosing a guesthouse or hostel instead of a hotel to spend your holidays is more than just a budgetary decision. These spaces can offer the visitor considerably more than simply shared rooms and a chance to save some money; they can also provide quality facilities and unique design features in addition to the attractive price option.

The importance of design is crucial when creating tourist accommodation, not only for large hotels but also hostels and guesthouses. These days "low cost" establishments are working hard to become more attractive in terms of their furnishings and decoration, in order to demonstrate that good taste is not incompatible with affordable prices.

In this book we have presented what we feel are some of the best hostels from around the world, based on a combination of their interior design, comfort and services. Some of them even offer discotheques, terraces, restaurants or reading rooms.... The majority of the establishments shown are located in major cities, although some are in rural settings. There are hostels in historic buildings, such as the old Medical Science University in Amsterdam or a 200 year old Venetian palace, while others are situated in modern buildings or converted houses...but all are locations catering for the many travellers who do not mind sharing a room.

Elegir un albergue o un hostal en lugar de un hotel para hospedarse durante las vacaciones no es solo una cuestión económica. Estos espacios ofrecen a los viajeros algo más que habitaciones compartidas donde ahorrarse dinero, también aportan instalaciones de calidad y diseño sin dejar de lado su carácter social en cuanto a precios.

La importancia del diseño a la hora de crear cualquier establecimiento turístico es clave, no sólo en los grandes hoteles sino también en hostales. Es por ello que cada vez más los establecimientos "low cost" hacen más atractivas sus estancias con muebles y objetos únicos, donde se demuestra que el buen gusto no está reñido con los precios económicos.

Presentamos en este libro algunos de los mejores hostales del mundo, tanto por su diseño interior como por su comodidad y servicios: algunos cuentan con espacios como discoteca, terraza, restaurante, o sala de lectura... La mayoría de los proyectos presentados están situados en grandes ciudades, aunque también los hay en entornos rurales. Hay hostales en edificios históricos, como la antigua universidad de Ciencias de la salud de Ámsterdam o un palacio veneciano de 200 años de antigüedad, en edificios modernos, en casas rehabilitadas... lugares donde a muchos turistas no les importará compartir habitación.

Hostal La Buena Vida

Mexico City

ARCHITECTS:
ARCO Arquitectura Contemporánea
José Lew Kirsch, Bernardo Lew Kirsch
www.ar-co.com.mx

AREA:
360 m²

PHOTOGRAPHER:
Jaime Navarro

COLLABORATORS:
Oscar Sarabia, Jonathan Herrejón,
Miguel Ocampo, Yuritza Gonzalez,
Adrian de Lucio, Nahela Hinojosa,
Gabriela Pineda, Federico Teista,
Jorge Tapia (architects)
Beatriz Canuto

Colonia Condesa was a residential area in Mexico City which developed during the early 20th Century. Its ideal location and the economic growth of the neighbourhood now make it a fashionable and attractive destination for visitors to the city. With this in mind the Hostal La Buena Vida chose to open its doors in this part of town at a perfect spot on the Calle de Mazatlán. Throughout the area the architecture is characteristic of the period, while the ARCO contemporary Architecture team has decided to add an additional modern feature in the form of a double main facade to minimize noise from the exterior. This addition provides colour and texture which both draws attention to the hostel from the street while remaining in harmony with the style and features of the neighboring buildings.

This hostel offers an attractive alternative for the contemporary urban traveller and invites them to spend some time in a location unlike any other. After entering at street level the visitor will encounter a small lobby and reception area from which you go up to the rest of the hostel spaces arranged over two floors and which include a washing area, a shared kitchenette and dining room, a lounge with internet, a sun terrace and the bedrooms.

La colonia Condesa fue una zona residencial de la Ciudad de México que se desarrolló a principios del siglo XX, actualmente, su privilegiada ubicación y el importante crecimiento económico que ha tenido la han puesto en la mira de todos los que visitan la ciudad. Por lo anterior y muchas otras razones se decidió que el Hostal La Buena Vida se localizara en esta zona, y se encontró un espacio idóneo en la calle de Mazatlán. En toda la zona la arquitectura responde a un estilo típico de la época y con el objetivo de sobresalir de esta tendencia, el equipo de ARCO Arquitectura Contemporánea propuso como fachada principal una doble piel —para minimizar el ruido exterior— llena de color y textura que hace que el hostal llame la atención desde cualquier punto de la calle respetando las tolerancias y proporciones de los edificios aledaños.

El hostal se presenta como una atractiva alternativa para el viajero urbano contemporáneo y lo invita a pasar a un espacio que sabe que definitivamente no será como los demás. En el ingreso a nivel de calle se localizan un pequeño *lobby* donde se ubica la recepción y se sube a los diferentes espacios del hostal, distribuidos en dos niveles: el área de lavado, una *kitchenette*-comedor común, un espacio *lounge* con internet, la terraza *solarium* y las habitaciones.

HOSTAL LA BUENA VIDA

The facade is characterized by its attractive geometrical shapes, in a daring combination of various magenta tones, better known as the famous Mexican pink, producing a startling architectural effect reminiscent of sweet wrappers which is complemented by the serenity and warmth of the Ipe wood latticework.

En la fachada resaltan las atractivas formas geométricas, en una intrépida combinación de varios tonos de magenta o mejor conocido como el famoso rosa mexicano, que se mueven en una alegoría arquitectónica que recuerda las envolturas de los dulces y se complementa con la serenidad y calidez de la celosía de madera de Ipe.

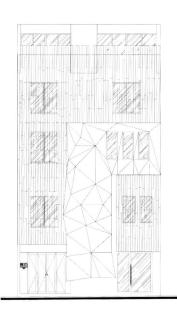

Main facade _ Fachada principal

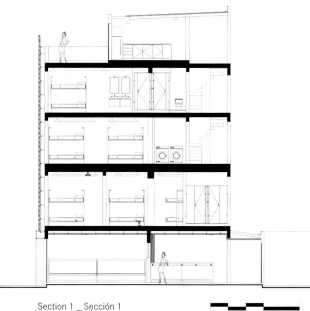

Section 1 _ Sección 1

0 1 2 3   5 MTS
ESCALA GRAFICA

Section 1 _ Sección 1

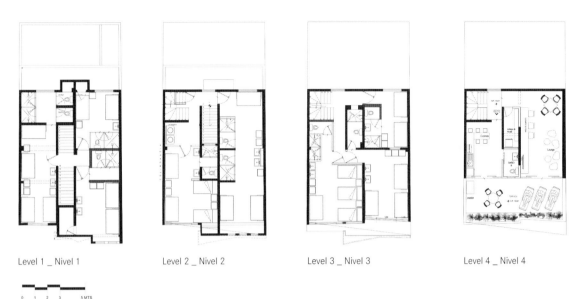

Level 1 _ Nivel 1   Level 2 _ Nivel 2   Level 3 _ Nivel 3   Level 4 _ Nivel 4

0   1   2   3   5 MTS
ESCALA GRAFICA

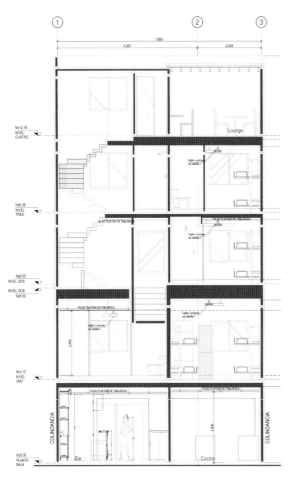

Section 4 _ Sección 4

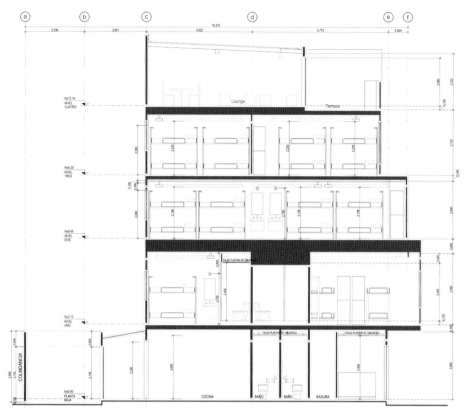

Section 3 _ Sección 3

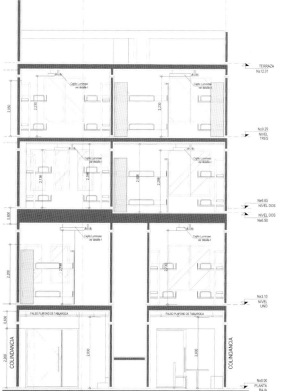

Colour is a key element throughout the project, and the interiors employ a palette of 5 different shades. The accents of colour, in both the walls and furnishings, are combined with large murals with friezes and skulls in a style which harmonizes the interior design concept using traditional Mexican elements. The La Buena Vida will delight and surprise the visitor with a complete experience within an environment which combines the best value within its price range as well as a unique example of contemporary Mexico City life.

El color es un elemento muy importante de todo el proyecto y para los interiores se seleccionó una paleta con 5 diferentes. Los acentos de color, tanto en los muros como en el mobiliario, se combinaron con grandes murales con grecas y calaveras en un estilo sincrónico con todo el concepto y que mantiene la tradición mexicana en uno de sus elementos más representativos. El Hostal la Buena Vida sorprende al visitante con una experiencia completa en una atmósfera que combina la mejor propuesta en su tipo en un contexto que define la Ciudad de México que se vive hoy.

Section 6 _ Sección 6

The 8 shared rooms provide a total of 48 beds arranged in bunks, with bedrooms for between 4 to 10 occupants. Each room has its own bathroom and there are individual lockers provided with each bed for visitors to safely store belongings during their stay.

Las 8 habitaciones compartidas dan un total de 48 camas en acomodo de literas. La capacidad de los dormitorios va desde 4 hasta 10 camas. Cada una de ellos tiene su módulo de baño integrado y cada una de las camas cuenta con un *locker* para que los viajeros estén tranquilos de que sus pertenencias estarán seguras durante toda su estancia.

Generator Barcelona

Barcelona, Spain

LOCAL PROJECT ARCHITECT:
Ibinser

DESIGN:
The Design Agency
www.generatorhostels.com

PHOTOGRAPHER:
Nikolas Koenig

GRAPHIC DESIGN:
The Design Agency /
Carlos Coido, Ibinser

In Barcelona's Gràcia district, a short walk from Antoni Gaudí's Casa Batlló apartments, Generator Barcelona marks not only the rebirth of a building, but also the emergence of the Generator brand. The interiors of the 1960s office building have been completely gutted and rebuilt in a way that demonstrates the tremendous creativity that is being invested in this brand and in each location.

The Design Agency has collaborated with local architects, suppliers and artists, creating unique graphics, unusual light fixtures and signature "G" sculptures. As a flagship, Generator Barcelona combines both a hostel and a hotel. Similar to Barcelona itself, its interiors are a tapestry of layers and styles. The public areas encourage guests to hang out and mingle, in a series of lounges offering varied seating options and styles, establishing comfortable nooks and socially engaging experiences.

Entry through its main doors towards the left leads guests to the warm and energetic hotel lobby and a rear bar with a vibrant mix of textures and patterns including ornate Hungarian concrete floor tiles and earthy raw metals and woods, over which float 300+ lanterns inspired by Barcelona's annual "Festa Major de Gràcia" by local artist, Julie Plottier. The vibrant colors were inspired by Barcelona's energy and sunlight.

Situado en el Barrio de Gràcia de Barcelona, a unos minutos a pie de la Casa Batlló de Antoni Gaudí, el Generator Barcelona marca no sólo el renacimiento de un edificio, sino también la eclosión de la cadena Generator. Para su construcción se ha demolido y reconstruido completamente el interior de un edificio de oficinas de los años 60 de un modo que demuestra la tremenda creatividad puesta en práctica por la cadena en cada una de sus ubicaciones.

DesignAgency ha colaborado con arquitectos, proveedores y artistas locales para crear gráficos únicos, dispositivos de iluminación poco comunes y esculturas "G" de la firma. Como elemento emblemático, el Generator Barcelona combina un hostal y un hotel. Como ocurre con la propia Barcelona, su interior es un tapiz de elementos y estilos. Las zonas comunes, entre las que encontramos una serie de salas con diferentes opciones y estilos de asientos que crean cómodos rincones, animan a los huéspedes a entretenerse y relacionarse, ofreciendo así atractivas experiencias.

Si giramos a la izquierda tras entrar por la puerta principal, encontraremos la acogedora y enérgica recepción del hotel, que incluye un bar con una vibrante combinación de texturas y patrones entre los que observaremos baldosas decorativas húngaras en el suelo, metales y maderas, sobre los que cuelgan más de 300 farolillos inspirados en la "Festa Major de Gràcia" que se celebra cada año en Barcelona, obra del artista local Julie Plottier. La energía y luz del sol de Barcelona sirvieron de inspiración a la hora de utilizar su animado colorido.

Towards the right of the entry is the hostel lobby with an internal pavilion that was inspired by Barcelona's nautical history. Splayed, 23-foot high wooden boards recall the ribs of a ship's hull. It has also been dubbed "the Bird Cage", an association accentuated by its three hanging loungers with neon colored accent pillows by Barcelona design company, Woouf!

A la derecha encontramos la recepción del hostal, con un pabellón interior inspirado en la historia náutica de la ciudad. Una serie de tablas independientes de 7 metros de altura recuerdan los nervios del casco de un barco. A este espacio se le ha apodado también "la jaula", asociación acentuada por las tres mecedoras colgantes con coloridos cojines de la compañía de diseño local Woouf!

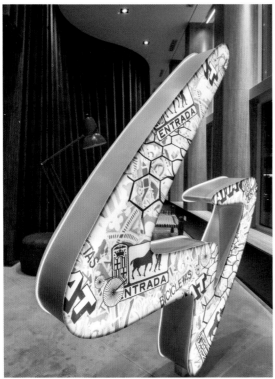

A feature staircase winds its way up through the Bird Cage to a glass balconied mezzanine overlooking the hostel lobby. Here guests can relax in the library where the main attraction is a photobooth that enables them to take a spontaneous retro-style photo strip with friends. Alternatively, guests can entertain themselves with a selection of board games and other curiosities, or use the games room with a pool table, foosball table, loungers and Internet stations.

Una característica escalera nos conduce por el interior de "la jaula" hasta un entresuelo con balcón de cristal y vistas a la recepción. Los huéspedes podrán relajarse en la biblioteca, cuya principal atracción es un fotomatón en el que pueden sacarse una espontánea tira de fotos de estilo *retro* con los amigos. También podrán entretenerse con una selección de juegos de mesa y otras curiosidades, o utilizar la sala de juegos, que cuenta con mesa de billar, futbolín, asientos y conexión a Internet.

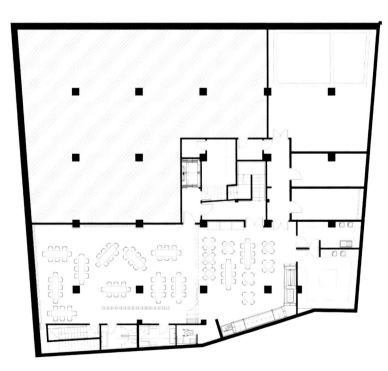

Basement plan _ Planta sótano

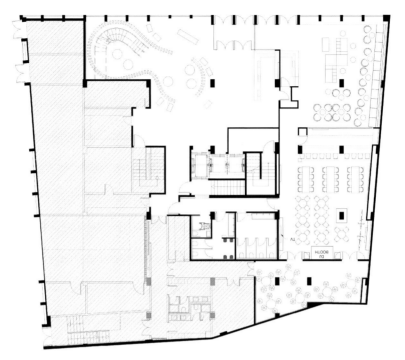

Ground floor plan _ Planta baja

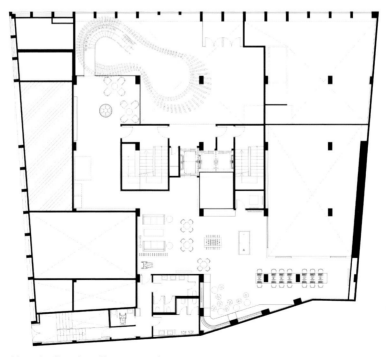

Mezzanine floor plan _ Planta entresuelo

Sleeping accommodations are simple and comfortable and some offer private roof terraces with fantastic views of the city.

Sus habitaciones son sencillas a la vez que cómodas, y algunas de ellas cuentan con terraza en la azotea desde donde disfrutar de fantásticas vistas de la ciudad.

Piece Hostel Sanjo

Kyoto, Japan

ARCHITECTS:

OHArchitecture
Kosuke Okuda, Tatsuya Horii
www.oharchi.com

AREA:
1925.16 m²

PHOTOGRAPHERS:
Satoshi Shigeta (corridor, rooms and facade)
Toshiyuki Yano (common areas)

FACILITY DESIGN:
Shimazu Design Office Ltd Shimazu Mitsuhiro.

CONTRACTOR:
Architecture: Reyou Co. Ltd. Hiroki Nakamura
Go Co. Ltd. Hisakatsu Uno.
Electrical construction: Funasaka
electric Co. Ltd.
Air conditioning construction:
Chuou engineering Co. Ltd.
Plumbing construction: aokikankougyou Co.Ltd.

"A hotel that unifies with its city" Piece Hostel Sanjo is not a newly-built building, but was born under renovation. This building used to be an ordinary Japanese-style inn, just as anyone would imagine what a traditional inn in Kyoto would look like. The building was as if it was cut off from its city, especially in the opening area in front of the building where it brought about a sense of loneliness.
Inns and hotels often have a strong boundary between its building and the outside world, as they tend to have its own unique vibe within the building and does not give much attention to its surrounding atmosphere in terms of design. We decided to shift that boundary a little. We redefined the border from "between a hotel and its city" to "between a guest room and its city".
At that very moment, the components of the city spreads into every corner of the hotel, creating a connection between the hotel and the city. The building's inner area is designed to be assimilate with the outer streets, as if the road is stretching out into the hotel.

"Un hotel que se funde con la ciudad", el Piece Hostel Sanjo no se encuentra en un edificio de reciente construcción, sino en un edificio reformado, un antiguo alojamiento de estilo japonés, tal y como cualquiera imaginaría un alojamiento tradicional de Kioto. Como si el edificio hubiese sido sacado de la ciudad, principalmente en la zona al aire libre situada en su parte delantera podemos disfrutar de una fantástica sensación de soledad.
Los hostales y hoteles a menudo cuentan con sólidos límites entre el edificio y el mundo exterior ya que tienden a presentar una atmósfera exclusiva en el interior, dejando de lado sus alrededores en lo que a diseño se refiere. Nosotros nos propusimos cambiar ligeramente esos límites. Hemos redefinido la frontera para que en vez de estar "entre el hotel y la ciudad" esté "entre las habitaciones y la ciudad".
Actualmente, los componentes de la ciudad están presentes en cada rincón del hotel, creando una conexión entre éste y la propia ciudad. La zona interior del edificio se ha diseñado a imagen y semejanza de las calles exteriores, como si la carretera se introdujese en el hotel.

Ground plan _ Planta baja

First floor plan _ Planta primera

Second and third floor plan _ Plantas segunda y tercera

38

Fourth floor plan _ Planta cuarta

N

scale 1:200

Fifth floor plan _ Planta quinta

Piece Hostel Sanjo's guest rooms were redesigned to be comparatively smaller in size. The reason behind this is because we would like for our guests, both from inside and outside the country, to step foot outside their rooms to explore Kyoto to the fullest.

Las habitaciones del Piece Hostel Sanjo se han rediseñado para reducir comparativamente su tamaño. El motivo de ello es que queremos que los clientes, tanto nacionales como internacionales, salgan de su habitación y exploren Kioto al máximo.

Hostal Ritoque

Quintero, Chile

ARCHITECT:

Alejandro Soffia, Gabriel Rudolphy

www.alejandrosoffia.cl

www.gabrielrudolphy.cl

BUILT AREA:

183 m^2

PHOTOGRAPHERS:

Pablo Casals-Aguirre,

Juan Durán-Sierralta

STRUCTURAL PROJECT:

José Manuel Morales

Gabriel Rudolphy

CONTRACTOR:

Juan Tapia

Francisco Tapia

Diego Arenas

Our conceptual concerns for good, low-cost design coincided with the equilibrium point between the client's wishes and his budget. So, in order to reduce costs and because the project was located in a rural area, we started selected local technologies and labour. This decision allowed us to reduce transportation costs and construction profit margins. Once we were well versed on the construction system, the second key aspect consisted of optimizing the dimensions of the most common length of wood. This measurement defines all building dimensions. This decision in itself produced no savings but added value of adjusting spaces to a greater measurement than that of most constructive elements (2.4 m) did.

Hostal Ritoque is located in the far north end of the beach of the same name, were in the 70's was developed the "Open City" of the Valparaiso School. The layout was divided into 5 independent volumes: three for two-story bays, one for service areas with common spaces and one apartment for the owner. They are each distributed in the floor plan to achieve independence between them, and the best orientation towards the landscape.

Nuestras preocupaciones conceptuales sobre diseño correcto y de bajo coste coincidían con el punto de equilibrio entre los deseos y el presupuesto del cliente. Por ello, con el fin de reducir costes y dado que el proyecto iba a desarrollarse en una zona rural comenzamos seleccionando tecnologías y mano de obra local. Esta decisión nos permitió aminorar los gastos de transporte y aumentar los márgenes de beneficio asociados con la construcción. Una vez adoptado el sistema de construcción, el segundo aspecto clave tenía que ver con la optimización de los tamaños más comunes de la madera. Estas medidas definen todas las dimensiones del edificio. La decisión en sí misma no condujo a un ahorro de costes, pero añadió valor para ajustar los espacios a dimensiones mayores que las ofrecidas por la mayoría de los elementos de construcción (2,4 m).

El Hostal Ritoque se encuentra en el extremo norte de la playa del mismo nombre, donde en los años 70 se desarrolló la "Ciudad abierta" de la Escuela de Valparaíso. Su diseño está formado por cinco volúmenes independientes: tres para construcciones de dos plantas, uno para áreas de servicio y zonas comunes y el último para ubicar un apartamento para el propietario. Cada uno de ellos se ha distribuido en el plano buscando otorgarles independencia y lograr la mejor orientación con respecto al paisaje.

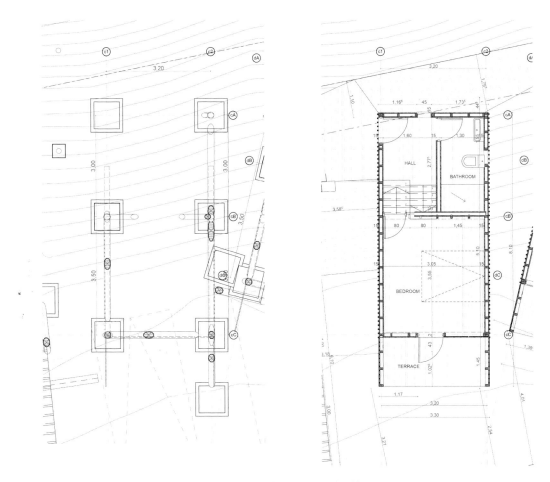

Foundry plans and the first floor module _ Plantas de fundación y primer piso del Módulo

To create a peaceful warm atmosphere and at the same time use materials responsibly, there is an extensive use of natural materials. The rooms are covered in locally sourced wood, the wall to wall carpeting of the public space is made of sisal, the sound insulation in between the rooms is made of wood fibers and all wooden surfaces are treated with natural oils.

Con el fin de crear una atmósfera acogedora y tranquila y a la vez utilizar los materiales de manera responsable, se ha hecho un amplio uso de materiales naturales. Las habitaciones se construyeron en madera local, la moqueta integral del espacio público es de sisal, el aislamiento sonoro entre las habitaciones se consigue con fibra de madera y todas las superficies de madera se han tratado con aceites naturales.

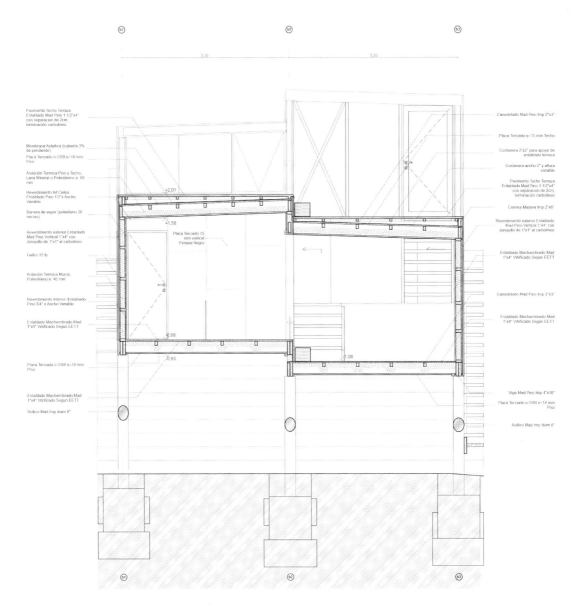

Pavimento Techo Terraza
Entablado Mad Pino 1 1/2"x4"
con separacion de 2cm,
terminación carbolineo

Membrana Asfaltica (cubierta 3%
de pendiente)

Placa Tercado o OSB e=18 mm
Piso

Aislación Termica Piso y Techo,
Lana Mineral o Poliestreno e 80
mm

Revestimiento Inf Cielos
Entablado Pino 1/2"x Ancho
Variable

Barrera de vapor (polietileno 20
micras)

Revestimiento exterior Entablado
Mad Pino Vertical 1"x4" con
Junquillo de 1"x1" al carbolineo

Fieltro 15 lb

Aislacion Termica Muros,
Poliestireno e 40 mm

Revestimiento Interior Entablado
Pino 3/4" x Ancho Variable

Entablado Machiembrado Mad
1"x4" Vitrificado Segun EETT

Placa Tercado o OSB e=18 mm
Piso

Entablado Machiembrado Mad
1"x4" Vitrificado Segun EETT

Rolizo Mad Imp diam 8"

Canedetado Mad Pino Imp 2"x3"

Placa Terciado e=15 mm Techo

Costanera 2"x2" para apoyo de
entablado terraza

Costanera ancho 2" y altura
variable

Pavimento Techo Terraza
Entablado Mad Pino 1 1/2"x4"
con separacion de 2cm,
terminación carbolineo

Cornisa Madera Imp 2"x6"

Revestimiento exterior Entablado
Mad Pino Vertical 1"x4" con
Junquillo de 1"x1" al carbolineo

Entablado Machiembrado Mad
1"x4" Vitrificado Segun EETT

Canedetado Mad Pino Imp 2"x3"

Entablado Machiembrado Mad
1"x4" Vitrificado Segun EETT

Viga Mad Pino Imp 4"x10"

Placa Terciado o OSB e=18 mm
Piso

Rolizo Mad Imp diam 8"

+2,01

+1,58

Placa Tercado 15
mm vertical
Pintada Negra

-0,68

-0,93

-1,08

Common area _ Espacio común

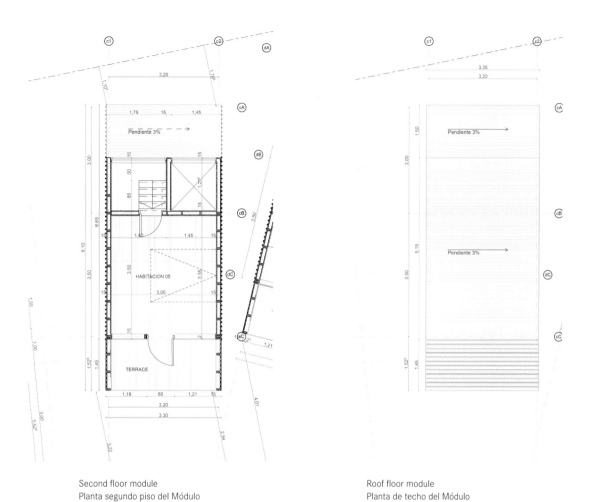

Second floor module
Planta segundo piso del Módulo

Roof floor module
Planta de techo del Módulo

Perspective section of module _ Cortes fugados del Módulo

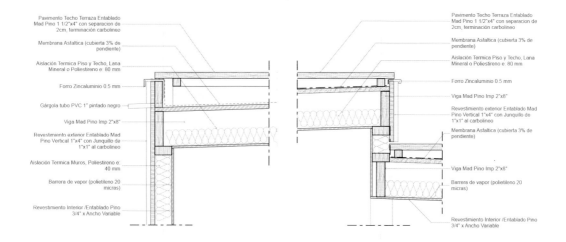

Pavimento Techo Terraza Entablado Mad Pino 1 1/2"x4" con separacion de 2cm, terminación carbolineo

Membrana Asfaltica (cubierta 3% de pendiente)

Aislación Termica Piso y Techo, Lana Mineral o Poliestireno e: 80 mm

Forro Zincaluminio 0.5 mm

Gárgola tubo PVC 1" pintado negro

Viga Mad Pino Imp 2"x8"

Revestimiento exterior Entablado Mad Pino Vertical 1"x4" con Junquillo de 1"x1" al carbolineo

Aislación Termica Muros, Poliestireno e: 40 mm

Barrera de vapor (polietileno 20 micras)

Revestimiento Interior /Entablado Pino 3/4" x Ancho Variable

Pavimento Techo Terraza Entablado Mad Pino 1 1/2"x4" con separacion de 2cm, terminación carbolineo

Membrana Asfaltica (cubierta 3% de pendiente)

Aislación Termica Piso y Techo, Lana Mineral o Poliestireno e: 80 mm

Forro Zincaluminio 0.5 mm

Viga Mad Pino Imp 2"x8"

Revestimiento exterior Entablado Mad Pino Vertical 1"x4" con Junquillo de 1"x1" al carbolineo

Membrana Asfaltica (cubierta 3% de pendiente)

Viga Mad Pino Imp 2"x8"

Barrera de vapor (polietileno 20 micras)

Revestimiento Interior /Entablado Pino 3/4" x Ancho Variable

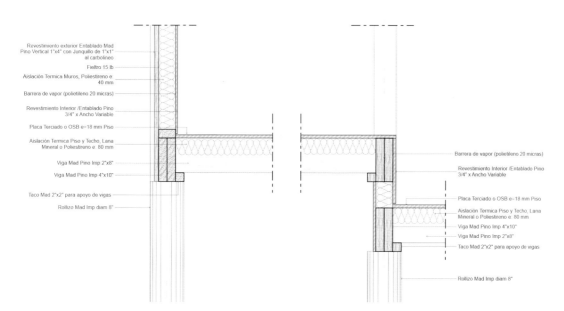

Revestimiento exterior Entablado Mad Pino Vertical 1"x4" con Junquillo de 1"x1" al carbolineo

Fieltro 15 lb

Aislación Termica Muros, Poliestireno e: 40 mm

Barrera de vapor (polietileno 20 micras)

Revestimiento Interior /Entablado Pino 3/4" x Ancho Variable

Placa Terciado o OSB e=18 mm Piso

Aislación Termica Piso y Techo, Lana Mineral o Poliestireno e: 80 mm

Viga Mad Pino Imp 2"x8"

Viga Mad Pino Imp 4"x10"

Taco Mad 2"x2" para apoyo de vigas

Rollizo Mad Imp diam 8"

Barrera de vapor (polietileno 20 micras)

Revestimiento Interior /Entablado Pino 3/4" x Ancho Variable

Placa Terciado o OSB e=18 mm Piso

Aislación Termica Piso y Techo, Lana Mineral o Poliestireno e: 80 mm

Viga Mad Pino Imp 4"x10"

Viga Mad Pino Imp 2"x8"

Taco Mad 2"x2" para apoyo de vigas

Rollizo Mad Imp diam 8"

Details _ Detalles

Generator Amsterdam

Amsterdam, The Netherlands

LOCAL PROJECT ARCHITECT:
Idea (Integrated Disciplines of engineering and architecture)

PHOTOGRAPHER:
Nikolas Koenig

DESIGN:
The Design Agency

The hyper-trendy East Amsterdam neighbourhood just became way more fly with the addition of Generator's most ambitious property to date, adjacent to the popular and newly renovated Oosterpark. Located in the University of Amsterdam's former health sciences and zoological department, Generator Amsterdam is an imposing brick structure completed in 1917 and features elegant, grand spaces and very high ceilings throughout. Two new floors with all glass facades have been added to accommodate 564 guests in 168 twin and quadruple rooms. The revitalisation of the building personifies the iconic Dutch style, while staying true to Generator's design-led ethos.

The property flows from the nature that surrounds it. The main interior space has mystery mixed with a dash of mischief, yet also is a warm and intimate place for both locals and guests to gather. Inspired by the building's history and park-side location, DesignAgency maintained the lecture hall and science lab aesthetics while modernizing the spaces with playful graphics and pops of colour to create a labyrinth of sprawling amenities including bikes from local supplier Vanmoof, outdoor activities, such as coffee masterclasses.

El barrio de moda East Amsterdam ha mejorado aún más con la adición de la propiedad más ambiciosa hasta el momento de la cadena Generator junto al popular y recién reformado Oosterpark. Situado en el antiguo Departamento de zoología y ciencias de la salud de la Universidad de Ámsterdam, el Generator Ámsterdam se encuentra en una imponente estructura de ladrillo finalizada en 1917 que cuenta con elegantes y amplios espacios y techos altos. A éste se le han añadido dos nuevas plantas con fachada de cristal y capacidad para alojar a 564 huéspedes en 168 habitaciones dobles y cuádruples. La revitalización del edificio personifica el icónico estilo holandés sin dejar de ser fiel al estilo distintivo del diseño de Generator.

La propiedad fluye dentro de la naturaleza que la rodea. El espacio interior principal combina misterio y un toque de picardía, aunque no deja de ser un lugar acogedor e íntimo en el que tanto locales como huéspedes pueden reunirse. Inspirándose en la historia del edificio y su ubicación junto al parque, DesignAgency ha mantenido la estética de la sala de conferencias y el laboratorio, y modernizado los espacios con alegres gráficos y toques de color para crear un laberinto de amplios servicios, que incluyen bicicletas del proveedor local Vanmoof o actividades al aire libre como clases magistrales sobre café.

Generator Amsterdam's main attraction is "Nescio", which comprises the café, the lobby, the auditorium, a group area, the library and the terrace. This master social space is an homage to famous Dutch writer whose commemorative statue can be found in nearby Oosterpark. In Latin, *Nescio* signifies "I don't know" adding to the theme of discovery found throughout Generator Amsterdam.

La principal atracción del Generator Ámsterdam es "Nescio", formado por la cafetería, la recepción, un auditorio, una zona para grupos, una biblioteca y una terraza. Este magistral espacio social rinde homenaje al famoso escritor holandés cuya estatua conmemorativa encontramos en el cercano Oosterpark. "Nescio", que en latín significa "no lo sé", se suma a la temática de descubrimiento presente en todo el Generator Ámsterdam.

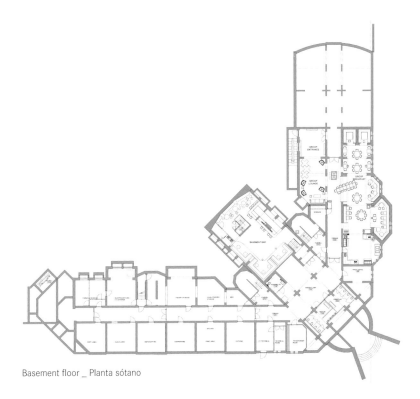

Basement floor _ Planta sótano

First floor plan _ Planta primera

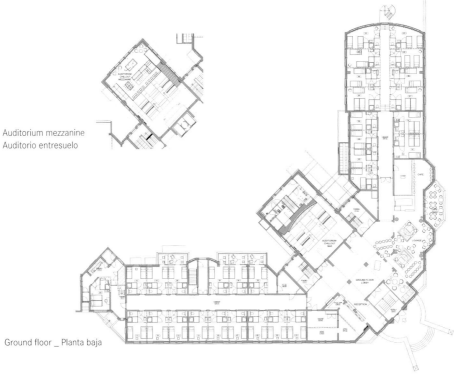

Auditorium mezzanine
Auditorio entresuelo

Ground floor _ Planta baja

Generator Paris

Paris, France

||||||||||||||||||||||||||||||||||||||||||||||||||||||||||||||||||||||||||||||||||||||||||||||||||||||||||||||||||||||||||||||||||||||||||||||||

LOCAL PROJECT ARCHITECT:
Ory Associates

PHOTOGRAPHER:
Nikolas Koenig, Sinue Serra,
Valentine Tchoukhonine (Rooftop)

DESIGN:
The Design Agency

||||||||||||||||||||||||||||||||||||||||||||||||||||||||||||||||||||||||||||||||||||||||||||||||||||||||||||||||||||||||||||||||||||||||||||||||

Generator Paris is located opposite the emblematic headquarters of the French Communist Party designed by Oscar Niemeyer. The hostel is a short walk from the Saint-Martin Canal, in the Buttes-Chaumont Park and just 15 minutes on foot from the Gare du Nord station. With its combination of cinematic design, bright colours and Morrocan style chill-out space, with art Works by Pieter Ceizer, you will feel as if in you're in a scene from a French auteur movie.

On the ground floor of the hostel you will find the Café with its dining room and glazed terrace offering views of the garden. From there you can go down the spiral staircase to the Club, inspired by Paris Metro design. If you decide to go up to the 9th floor, you can enjoy garden terrace Le Rooftop, with its bar and magnificent views of the Sacré-Coeur Basilica and Montmartre. This Parisian hostel represents all the best of Paris under a single roof.

Generator París se encuentra frente a la emblemática sede del Partido Comunista Francés creada por Oscar Niemeyer. El hostal está a pocos pasos del Canal Saint-Martin, del parque des Buttes-Chaumont, y a solo 15 minutos a pie de la Gare du Nord. Con la mezcla de diseño cinematográfico, colores vivos y el espacio chill-out de estilo marroquí con obras de arte de Pieter Ceizer, te sentirás como si estuvieras en el escenario de un film de autor francés.

En la planta baja del hostal hallarás el Café Fabien con su comedor y terraza acristalada con vistas al jardín. Desde ahí, puedes bajar con las escalera de caracol al Club, inspirado por el Metro de París. Y si decides subir hasta la 9ª planta, podrás disfrutar de la terraza Le Rooftop, con su bar y sus impresionantes vistas de la basílica del Sagrado Corazón y Montmartre. Este hostal parisino representa lo mejor de París, todo bajo un mismo techo.

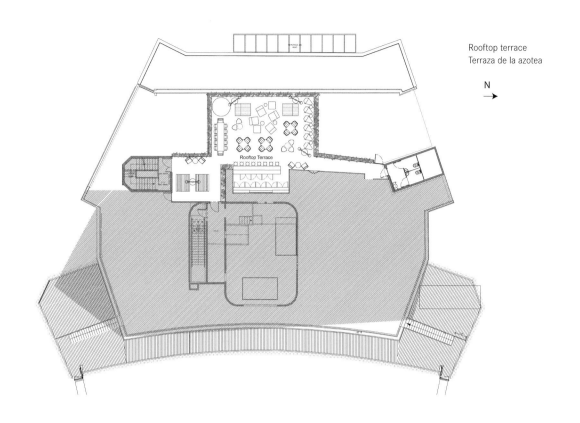

Rooftop terrace
Terraza de la azotea

N →

Lower level
Planta inferior

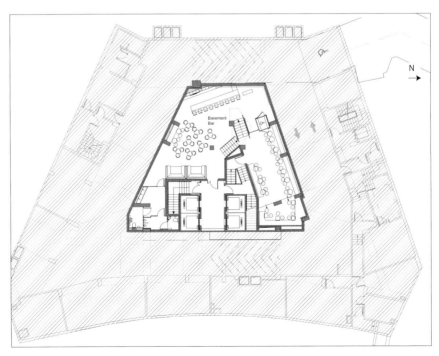

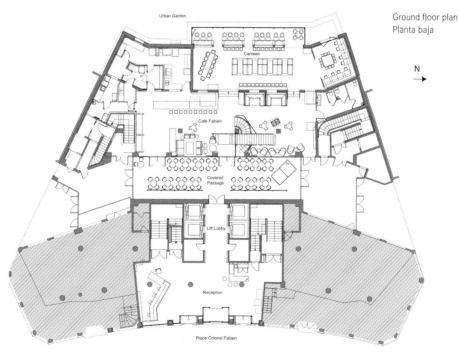

Ground floor plan
Planta baja

N →

Urban Garden

Canteen

Cafe Fabien

Covered
Passage

Lift Lobby

Reception

Place Colonel Fabien

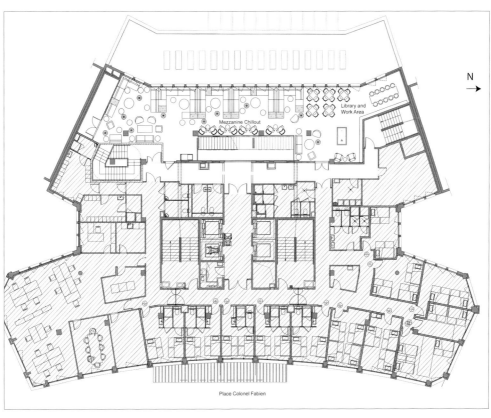

First floor _ Primera planta

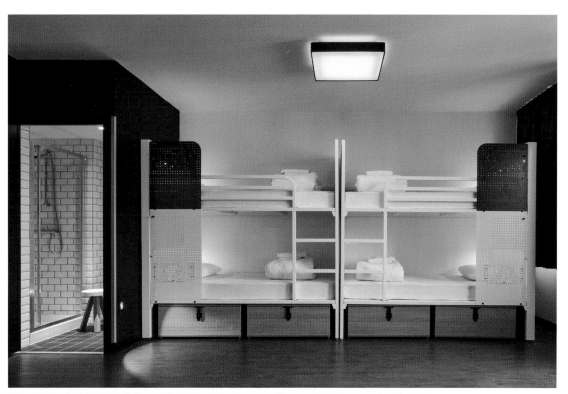

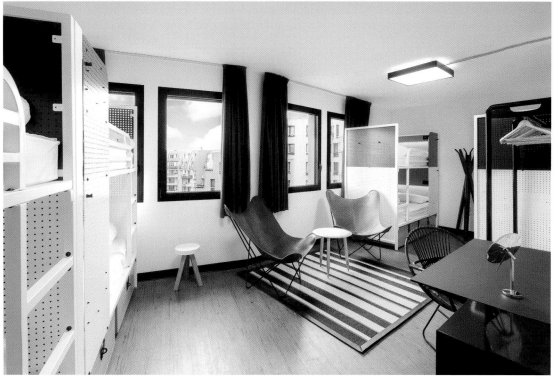

Dream Hotel & Hostel

Tampere, Finland

ARCHITECTS:
Studio Puisto Architects
www.studiopuisto.fi

PHOTOGRAPHERS:
Patrik Rastenberger (p. 81-85)
Marc Goodwin (p. 86-87)

INTERIOR DESIGN:
Studio Puisto Architects

PROGRAM:
20-room boutique hotel to an old industrial brick building in the center of Tampere.

CONSTRUCTION:
Cajamäki Oy

Dream hotel is designed as an upscale extension to the popular Dream Hostel. The hostel opened its doors in 2010 and is located in an old industrial building in the center of the city and in close proximity of the Tampere concert hall. To serve the needs of customers looking for an affordable double or twin room, Dream Hostel decided to extend the premises with an extra floor.

The cooperation between Studio Puisto Architects and dream hostel started in the fall of 2013 after a workshop of the Uusi-Kaupunki (New Town) collective. In the workshop Studio Puisto developed a concept for temporary accommodation in empty offices and industrial buildings. This turned out to be a perfect match with the plans and premises of Dream Hostel.

With the Dream Hotel the architects have made a unique hotel concept, blurring the lines between a hotel and a hostel. Rather than full filling the conventional hotel standards it tries to offer everything that a guests really needs for a good nights sleep.

El Dream Hotel se ha diseñado como ampliación exclusiva del popular Dream Hostel. El hostal, que abrió sus puertas en 2010, está situado en un antiguo edificio industrial del centro de la ciudad, muy cerca de la sala de conciertos Tampere Hall. Con el fin de satisfacer las necesidades de los clientes que buscan una habitación doble económica, el Dream Hostel decidió ampliar sus instalaciones y habilitar una planta adicional.

La colaboración entre el estudio de arquitectura Studio Puisto y el Dream Hostel se inició durante el otoño de 2013, tras un taller del colectivo Uusi-Kaupunki (New Town). En dicho taller, Studio Puisto desarrolló un concepto de alojamiento temporal en oficinas vacías y edificios industriales, ideal para los planes e instalaciones del Dream Hostel.

Con el Dream Hotel, los arquitectos han creado un concepto de hotel único que borra la línea entre hotel y hostal. En vez de cumplir los estándares convencionales de un hotel, intenta ofrecer todo lo que los clientes realmente necesitan para disfrutar de una buena noche de descanso.

1. Skylight
2. Bathroom
3. Room
4. Technical floor
5. Public space

1. Claraboya
2. Baño
3. Habitación
4. Suelo técnico
5. Espacio común

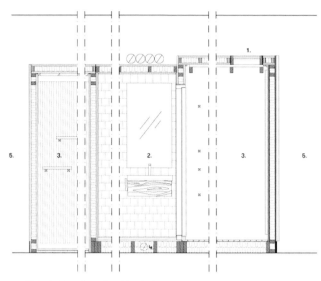

Technical section _ Sección técnica

To create a peaceful warm atmosphere and at the same time use materials responsibly, there is an extensive use of natural materials. The rooms are covered in locally sourced wood, the wall to wall carpeting of the public space is made of sisal, the sound insulation in between the rooms is made of wood fibers and all wooden surfaces are treated with natural oils.

Con el fin de crear una atmósfera acogedora y tranquila y a la vez utilizar los materiales de manera responsable, se ha hecho un amplio uso de materiales naturales. Las habitaciones se construyeron en madera local, la moqueta integral del espacio público es de sisal, el aislamiento sonoro entre las habitaciones se consigue con fibra de madera y todas las superficies de madera se han tratado con aceites naturales.

1. Room type A	1. Habitación tipo A
2. Room type B	2. Habitación tipo B
3. Meeting room	3. Sala de reuniones
4. Terrace	4. Terraza

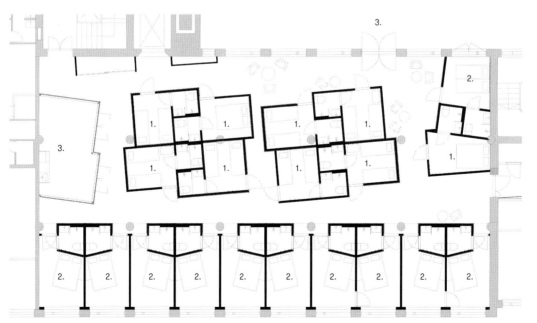

Floor plan 1 _ Planta 1

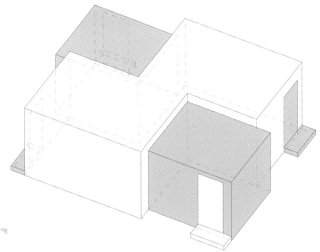

Diagram _ Diagrama

The open character of the industrial building is strengthened by placing the rooms as separate units in the open space. Thus creating a feeling of being in a public park in between individual volumes. To keep the rooms affordable they are kept compact and accommodate only the necessary. The space to read, relax and meet others guests is placed outside the individual rooms. About half of the rooms have a window with street view, where as the other rooms are organized in clusters in the middle of the space with a skylight to the public space as a relation to the outside. In addition there is a kitchen area and meeting rooms at free disposal for the guests, offering extra value over a conventional hotel room.

El carácter diáfano del edificio industrial se ha reforzado construyendo las habitaciones como unidades independientes dentro del espacio abierto. Así, se disfruta de la sensación de estar en un parque público entre volúmenes individuales. Para poder ofrecer habitaciones económicas, estas son compactas y cuentan únicamente con lo necesario. El espacio para leer, relajarse y relacionarse con otros huéspedes se encuentra fuera de las habitaciones. Alrededor de la mitad de ellas disponen de ventana con vistas a la calle, mientras que el resto se han organizado en grupos en el centro del espacio y cuentan con un tragaluz hacia la zona común como elemento de relación con el exterior. Además, se ofrece una zona de cocina y salas de reuniones de uso gratuito para los huéspedes.

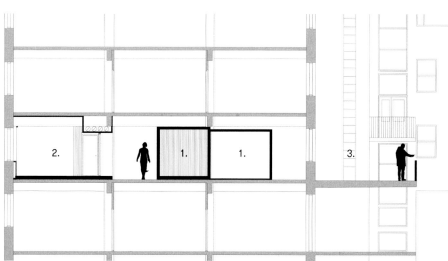

1. Room type A
2. Room type B
3. Terrace

1. Habitación tipo A
2. Habitación tipo B
3. Terraza

Section _ Sección

Generator Copenhagen

Copenhagen, Denmark

‖‖‖

LOCAL PROJECT ARCHITECT:
N/A Copenhagen

DESIGN:
The Design Agency

PHOTOGRAPHER:
Nikolas Koenig

ILLUSTRATIONS:
Tim Bjorn

‖‖‖

Generator Copenhagen combines the practicality and stylishness of Denmark with the social energy and youthfulness of the Generator brand. Centrally located just off Copenhagen's Kongens Nytorv Square, the six-storey hostel transforms a Philippe Starck-designed apartment building. Its former social spaces and furnishings presented a great starting point for a lively and playful interior that mixes high design with cheap chic.

At street level, a flexible space is used as a pop-up shop or gallery. A side entrance elevator lobby with illustrations of Copenhagen by local artist Tim Bjorn leads guests to the reception area. There, Generator's signature 'G' sculpture–in this case lit with colour-changing LED lights, mixes with layered textures and materials and a mix of signature furnishings reclaimed from the apartment.

El Generator Copenhague combina el carácter funcional y elegante de Dinamarca con la energía y juventud de la cadena Generator. Con una ubicación céntrica, justo al lado de la plaza Kongens Nytorv, para construir este hostal de seis plantas se ha transformado un edificio de apartamentos diseñado por Philippe Starck. Sus antiguos espacios comunes y mobiliario fueron el punto de inicio perfecto para crear un interior animado y alegre que combina diseño de alto nivel con elegancia asequible.

En la planta baja, encontramos un espacio flexible utilizado como un espontáneo comercio o galería. Un vestíbulo con ascensor lateral decorado con ilustraciones del artista local de Copenhague Tim Bjorn conduce a los huéspedes a la zona de recepción. Allí, la escultura "G" exclusiva de la cadena Generator, en este caso de luces LED que cambian de color, se mezcla con diferentes texturas y materiales, así como con mobiliario exclusivo recuperado del edificio.

A runway leads guests from reception along the canteen and travel information areas to a small café, opening at the bar and disco. Beyond, large socializing lounges are furnished by local manufacturers such as HAY, Bolia and Muuto. The lounges can be separated as required with custom-designed movable dividers covered in Piet Hein Eek's Scrapwood Wallpaper and punched with antique wooden windows.

Una pasarela lleva a los huéspedes a través del comedor y zonas de información turística a una pequeña cafetería situada junto al bar y discoteca. Además, el hostal cuenta con grandes salones sociales decorados por fabricantes locales como HAY, Bolia y Muuto. Éstos se pueden dividir de acuerdo a las necesidades con separadores portátiles de diseño personalizado, cubiertos con paneles de recortes de madera de Piet Hein Eek, y ventanas de madera antigua.

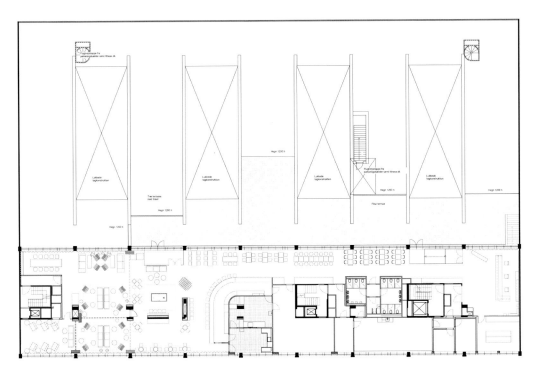

Floor plan _ Planta

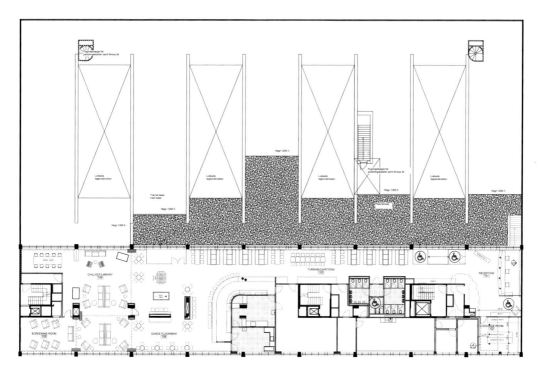

First floor plan _ Planta primera

The Circus Hostel

Berlin, Germany

ARCHITECTS:
unit-berlin
corporate design & architecture
www.unit-berlin.de

DESIGN:
Sandra Ernst
www.circus-berlin.de

PHOTOGRAPHERS:
Arne Sattler
www.arne-sattler.de

Zoë Noble
www.zoenoble.com

The legendary Circus Hostel first opened its doors in the 90's as one of the first hostels in Berlin and has, since then, stood out because of its continuous development and its high standard of design and architecture. In 2015, the façade, the entrance and the foyer of the 'Altbau building' (a term given to pre-1949 builds) were extensively redesigned and a brand new microbrewery/bar and library were built in the basement – a long-felt dream of the owners! The design and architecture combines the fun and modern style of The Circus with a modern and expressive design language. The intensive use of colour, geometric shapes, spacial graphics and a variety of high quality materials, help create a spacial collage that reflects the bigger concept of The Circus in its architecture. With the new steel canopy, the coloured glass and the colourful light cornices, the façade of the house is a distinctive element to the surrounding Rosenthaler Platz. The innovative lighting concept that works exclusively with LED technology can also be seen in various poignant elements of the interior, such as the interactive wall installation on the elevator.

The new microbrewery in the basement has been integrated into the bar. Guests can look directly into the black-tiled brewing area, where all the brewing machinery is on display. A cosy modern atmosphere is created by the hand-painted illustrations of the brewing process on the walls, the crown glass with backlighting, the oak wood and the mint green industrial steel elements.

El legendario Circus Hostel abrió sus puertas en la década de los 90 como uno de los primeros hostales en Berlín, y desde entonces, destacó debido a su continuo desarrollo y su alto nivel de diseño y arquitectura. En 2015, la fachada, la entrada y el vestíbulo de la "Altbau building" (un término dado a los edificios anteriores a 1949) fueron ampliamente rediseñados, y se construyó una mini cervecería artesanal/bar y biblioteca en el sótano (¡un sueño de los propietarios!) El diseño y la arquitectura combinan el estilo divertido con un lenguaje de diseño moderno y expresivo. El uso intensivo del color, formas geométricas, gráficos espaciales y una variedad de materiales de alta calidad, ayudan a crear un *collage* espacial que refleja el concepto de The Circus en su arquitectura. Con la nueva marquesina de acero, el vidrio de color y la cornisa con luces de colores, la fachada es un elemento distintivo de la Rosenthaler Platz. El concepto de iluminación innovador, que trabaja exclusivamente con la tecnología LED también se puede ver en diversos elementos del interior, tales como la instalación interactiva de la pared del ascensor.

La nueva cervecería artesanal en el sótano se ha integrado en el bar. Los huéspedes pueden ver el espacio de baldosas negras, en la que toda la maquinaria de elaboración se encuentra en exhibición. Las ilustraciones en las paredes pintadas a mano del proceso de elaboración, el vidrio con iluminación de fondo, la madera de roble y los elementos de acero industrial color menta crean un ambiente moderno y acogedor.

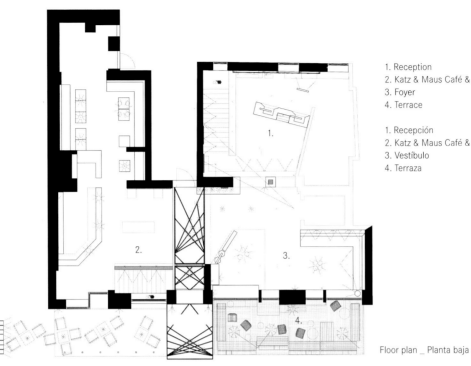

1. Reception
2. Katz & Maus Café & Bar
3. Foyer
4. Terrace

1. Recepción
2. Katz & Maus Café & Bar
3. Vestíbulo
4. Terraza

Floor plan _ Planta baja

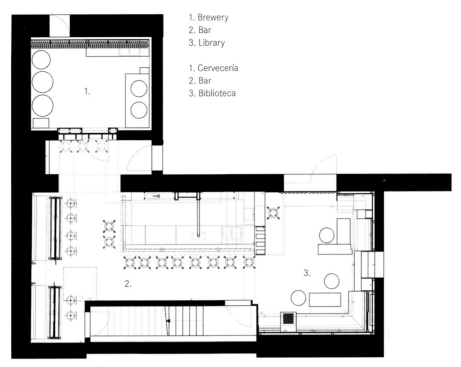

1. Brewery
2. Bar
3. Library

1. Cervecería
2. Bar
3. Biblioteca

Basement floor plan _ Planta sótano

THE CIRCUS BERLIN MAP

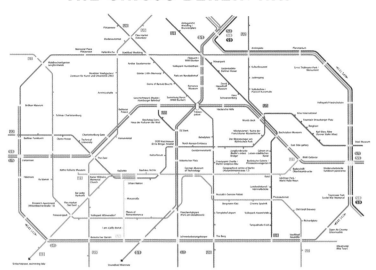

Another highlight next to the bar and the library are the colourful bathroom facilities in the style of the metro map.

Otro punto a destacar junto al bar y la biblioteca son los colores de las instalaciones de los baños, al estilo del plano del metro de Berlín.

Generator Hamburg

Hamburg, Germany

LOCAL PROJECT ARCHITECT:
Coido Architects

DESIGN:
The Design Agency

PHOTOGRAPHER:
Nikolas Koenig, Sinue Serra

GRAPHIC DESIGN:
The Design Agency / Wandadel

Generator Hamburg is just as much a bar, a morning canteen, an art incubator and a general neighbourhood hangout as it is a place to sleep. Across the street from the main train station, Generator Hamburg brings the energy and excitement of its central location into its interiors. Once a leather factory, the building was augmented with a contemporary addition by Coido Architects, and refreshed by The Design Agency with clean-lined interiors, fun furnishings, fantastic lighting and imaginative art, establishing an edgy, dynamic and independent character.

With large glass windows onto the street, visitors feel immersed in the energy, culture and everyday life of the surrounding neighbourhood. Local culture is reflected in the simple and colourful material palette and the interiors' architectural design. A hanging sculpture of recycled bicycle frames by local artist Till Kiefer playfully acknowledges the importance of Hamburg's cycling culture. Brick walls discovered during construction were left exposed to highlight the building's history in the project. Also, re-calling the building's former use, belt straps play into the design, including the belt-covered "G" sculpture. Guests are encouraged to leave a belt behind, similar to signing a "guestbook", and thus leaving their own mark on the history of the place.

El Generator Hamburgo es tanto un bar, cafetería, vivero de arte y lugar de reunión general del barrio como un lugar para dormir. Frente a la estación principal de ferrocarril, el Generator Hamburgo introduce la energía y entusiasmo de su céntrica ubicación a su interior. Antigua fábrica de piel, el edificio ha sido ampliado con una adición contemporánea realizada por Coido Architects y reformado por DesignAgency para crear un interior de líneas limpias, mobiliario divertido, una iluminación fantástica y arte imaginativo con el fin de aportar un carácter provocador, dinámico e independiente.

Con grandes ventanales hacia la calle, los huéspedes se verán inmersos en la energía, cultura y vida cotidiana de los alrededores. La cultura local se refleja en la sencilla y colorida gama de materiales y diseño arquitectónico de su interior. Una escultura colgante a base de cuadros de bicicleta reciclados realizada por el artista local Till Kiefer refleja de manera divertida la importancia de la cultura ciclista de Hamburgo. Las paredes de ladrillo halladas durante la construcción se han dejado a la vista para resaltar la historia del edificio. Además, para recordar el antiguo uso de éste, se han incorporado correas de cinturón en el diseño, incluyendo la escultura "G" cubierta de ellas. A los huéspedes se les anima a dejar un cinturón, a modo de firma en el "libro de visitas", para aportar su granito de arena a la historia de la propiedad.

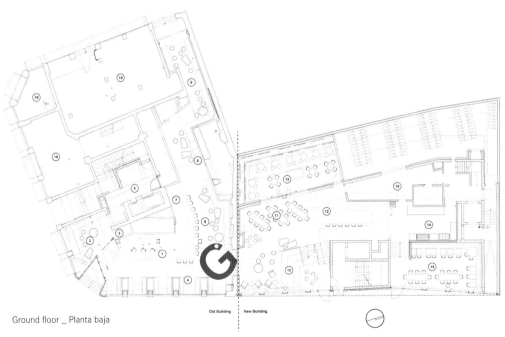

Ground floor _ Planta baja

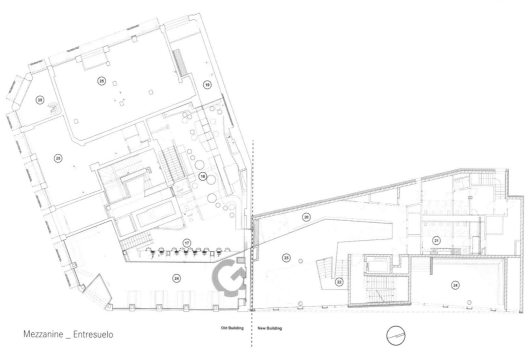

Mezzanine _ Entresuelo

Old Building | New Building

Check In Rioja

Logroño (La Rioja), Spain

TECHNICAL ARCHITECT:
Nacho Nájera
www.checkinrioja.com

PHOTOGRAPHERS:
Nacho Nájera
Juan Serrano Corbella

"The decision to build a hostel in Logroño was not mere chance. I was influenced first by having travelled the Camino de Santiago pilgrim route, after which I set off for Argentina with a backpack in November 2009. I wasn't working at the time and it was a country that had always fascinated me. During my voyage I stayed in hostels, a type of accommodation I hadn't experienced before. On the plane trip home in 2010 I began forming ideas for the project. I wasn't then aware that in June 2011 I would end up buying a practically ruined building in the old town centre of the capital of La Rioja, which still had tenants living on the first floor. I initially decided to wait for them to leave before restoring the property. However, in September 2011 I made on trip on bicycle with a friend along the Camino del Norte and had a revelation. On our first night we stayed in a hostel which I realized only occupied the ground floor of a house. I stayed awake that night thinking about how it wasn't actually necessary to wait for my tenants to leave and how I could begin by renovating the ground floor. And so it happened. On the 19th May 2012 the *Check In Rioja* opened as a hostel for pilgrim travellers. Once the original tenants left, I then completed the second stage, and in March 2013 the hostel was complete, with private rooms on the first floor, a full tourist license and capacity for 27 guests."

"Construir un hostel en Logroño no fue casual. Influyó haber hecho el Camino de Santiago e irme a Argentina, con la mochila, en noviembre de 2009. No tenía trabajo y viajé hasta aquel país porque siempre me había fascinado. Mientras lo recorrí, me alojé en hostels, un tipo de alojamiento que no conocía. Cuando regresé, a principios de 2010, en el avión, fui dándole vueltas al proyecto. Entonces no sabía que en junio de 2011, compraría, en el casco viejo de la capital riojana, un edificio prácticamente en ruinas y con inquilinos de renta antigua que vivían en la planta primera. Decidí que esperaría a que ellos se fueran para acometer la reforma del inmueble. Si bien, en septiembre de 2011, junto a una amiga recorrí en bici el Camino del Norte y se produjo la revelación. En Orio, donde dormimos la primera noche, me di cuenta de que el albergue ocupaba la planta baja de una casa. Aquella noche no pegué ojo pensando en que no tenía que esperar a que los inquilinos se fueran, podía comenzar la reforma por la planta baja. Y así fue. El 19 de mayo de 2012, abría al público *Check In Rioja*, como albergue para peregrinos. Una vez que los inquilinos se marcharon, realicé la segunda fase y, en marzo de 2013, ampliaba con habitaciones privadas en la planta primera, licencia de albergue turístico y capacidad para 27 plazas".

The initial state of the main facade and the ground floor, which had been a garage. Below, a reproduction of the vaults and the original state of the first floor.

Estado inicial de la fachada principal y de la planta baja, que había sido un garaje. A continuación, reproducción de las bóvedas y estado en el que estaba la primera planta.

The hostel is divided into two areas, for daytime and bedroom use, separated in the centre by the bathrooms.

El hostal se divide en dos zonas, la de día y la de noche, separadas en la zona central por los baños.

Generator Venice

Venice, Italy

LOCAL PROJECT ARCHITECT:
Massimo Roj Architects

PHOTOGRAPHER:
Nikolas Koenig

DESIGN:
The Design Agency

Generator Venice is located in a 200 year old Venetian *Palazzo*, which served as a former grain warehouse on the island of Giudecca. In 2010, the Fine Arts Committee recognised the building, originally from 1855, as one of the last surviving examples of its type. They closely supervised the refurbishment process and as a result, the grand twin staircases, timber beams, the original stone columns, roof truss and external facade have been left completely intact. The original features of the building have been brought out to show the mystery and splendour of Venice. Incorporating a cornucopia of locally sourced antiques by Anwar Meyand his team who enthusiastically explored the countryside and its markets, they sourced unique antique pieces such as an apothecary shelving unit and pantry table. One of the more colourful and robust centrepieces is an antique stone fireplace purchased in Verona.

DesignAgency gave the interior a bespoke and eclectic look that exudes true Venetian charm with a twist of modernity, a balanced combination of designer furniture and antique pieces found in markets across the country. The final curated space features pristine Fantini mosaic flooring, elegant Rubelli textile curtains, a Murano glass chandelier hanging from the ceiling and a cosy stone fireplace reminiscent of 16th century Palladio craftsmanship; all completed with flowery wallpaper and irreverent, bright pink neon signs.

El Generator Venecia se encuentra en un *palazzo* veneciano de 200 años de antigüedad situado en la isla de Giudecca, que en su día fue utilizado como almacén para el grano. En 2010, el Comité de Bellas Artes reconoció el edificio, que data de 1855, como uno de los últimos ejemplos en pie de su estilo. Por ello supervisaron de cerca el proceso de reforma, y como resultado las grandes escaleras gemelas, sus vigas de madera, las columnas de piedra originales, la estructura del tejado y la fachada exterior se han dejado intactas. Los elementos originales del edificio se han resaltado para mostrar el misterio y esplendor de Venecia. Incorporando antigüedades de origen local de Anwar Meyand, su equipo exploró los alrededores y sus mercados para hacerse con piezas únicas, como una estantería de botica y una mesa antigua de despensa. Una de las piezas más coloridas y sólidas es una antigua chimenea de piedra adquirida en Verona.

DesignAgency ha otorgado al interior un aspecto ecléctico que rezuma auténtico encanto veneciano con un toque de modernidad, una combinación equilibrada de mobiliario de diseño y piezas antiguas adquiridas en mercados de todo el país. El espacio final está formado por inmaculados suelos de mosaicos de Fantini, elegantes cortinas de Rubelli, un candelabro de cristal de Murano que cuelga del techo y una íntima chimenea de piedra reminiscente de la artesanía de Palladio del siglo XVI, todo ello completado con floreado papel pintado e irreverentes y brillantes señales de neón rosas.

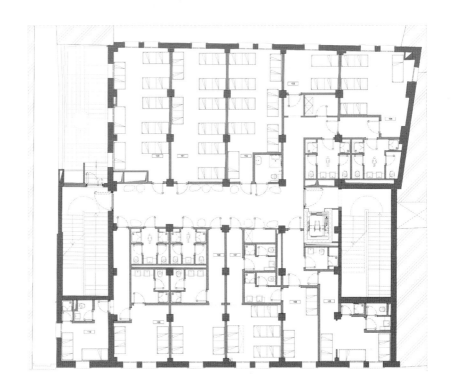

First floor plan
Planta primera

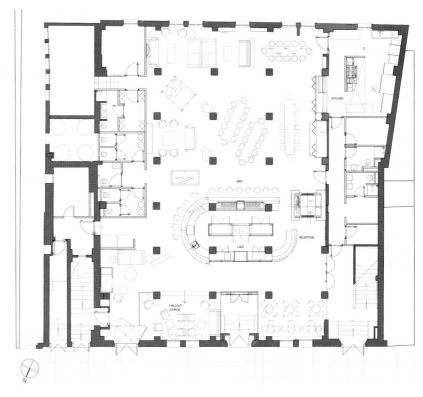

Ground floor plan
Planta baja

The ground floor common space is perfect for all day comfort – from breakfast through to lounging in the Venetian furniture and enjoying the specially designed cocktail bar, all while overlooking the Giudecca promenade and the Grand Canal. Materials and suppliers have been chosen to represent the excellence of the Venetian Style and the traditional Italian manufacturing culture.

La zona común de la planta baja es perfecta para cualquier momento del día, permitiendo desayunar, descansar en su mobiliario veneciano o disfrutar de la coctelería de diseño especial, todo ello con vistas al paseo de Giudecca y el Gran Canal. Los materiales y proveedores se han elegido buscando representar la excelencia del estilo veneciano y la cultura de fabricación tradicional italiana.

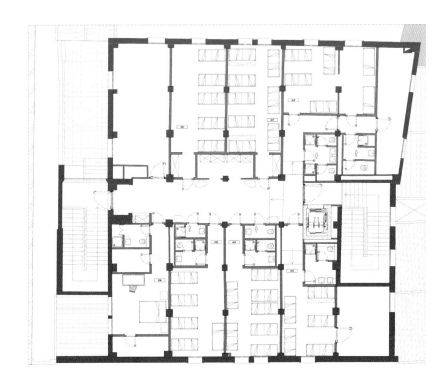

Third floor plan
Planta tercera

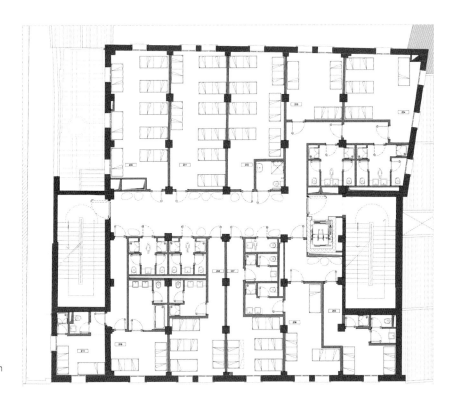

Second floor plan
Planta segunda

Every bedroom, from the private rooms to the dorm accommodation has amazing and unique views – over the neighboring gardens and across to the Lido on the south, or overlooking the busy waterway of the Grand Canal, to San Marco, San Giorgio and the Doges Palace to the north. The building excites with its unique position offering some of the most varied views of Venice. A private twin attic room is tucked away under the low lying rafters, complete with private ensuite and walk-in closet.

Todas las habitaciones, tanto las privadas como las compartidas, ofrecen impresionantes y exclusivas vistas: de los jardines cercanos y el Lido hacia el sur, o del ajetreado Gran Canal, San Marco, San Giorgio y el Palacio Ducal hacia el norte. Gracias a su exclusiva ubicación, el edificio resulta muy atractivo y ofrece las vistas más diversas de Venecia. En el ático, situada bajo las vigas descendentes, encontramos una habitación doble con baño privado y vestidor.